누리 과정에서 쏙쏙

자연탐구 생활 속에서 탐구하기 – 물체의 특성과 변화를 여러 가지 방법으로 탐색한다.
　　　　　　　　　　　　　– 도구와 기계에 대해 관심을 가진다.

초등 과정에서 쏙쏙

과학 4–1　2. 무게 재기 – 1. 용수철로 무게 재기
과학 5–2　3. 물체의 속력

감수 및 추천 이명근 박사(미국 존스홉킨스 대학교 교수 역임, 현재 연세대학교 보건대학원 교수)

세계 곳곳의 재난지에 뛰어들어 어린이들은 물론 도움이 필요한 사람들을 구조하며 봉사의 삶을 사는 분입니다. 알아야 더 잘할 수 있다는 믿음으로 연세대학교 보건대학원에 '국제 재난 대응 전문가 과정'을 개설하여 많은 재난 구조 전문가를 양성하고 있습니다. 국제 NGO인 '머시코'(Mercy Corp.)와 UNDP(유엔경제개발계획)에서 활동하기도 했습니다. 지금은 재난 구호의 필요성을 알리고, 아시아와 아프리카의 개발을 위해 '코이카'(KOICA, 한국국제협력단)와 국제 개발 기관인 '글로벌 투게더' 등과 함께 봉사에 앞장서고 있습니다.

글 양미애

인천시립대학교에서 국어국문학을 공부하였고, 오랫동안 출판사에서 편집자로 일했습니다.
현재는 동화를 사랑하는 모임 '꿈꾸는 꼬리연'의 작가로 활동하고 있습니다. 지은 책으로는 〈슈바이처〉,
〈유관순〉, 〈망치 아저씨의 하루〉, 〈15소년 표류기〉 등이 있습니다.

그림 율리아 뒤어

독일 뮌스터 대학교에서 일러스트레이션을 공부하였으며 현재 프리랜서 일러스트레이터로
다양한 분야에서 활동하고 있습니다. 2008년 〈어둠 속에서〉는 그녀가 참여한 첫 번째 그림책으로
독일 도서협회 일러스트레이션 공모전에서 '가장 아름다운 그림책'으로 선정되기도 했습니다.

생활과 물질 | 힘과 운동
39. 미끄러지고 달리고 휘어지고

글 양미애 | **그림 율리아 뒤어**
펴낸곳 스마일 북스 | **펴낸이** 이행순 | **제작 상무** 장종남
대표 조주연 | **주소** 서울특별시 종로구 사직로8길 20, 103호
출판등록 제2013 – 000070호 **홈페이지** www.smilebooks.co.kr
전화번호 1588 – 3201 **팩스** (02)747 – 3108
기획 · 편집 조주연 김민정 김인숙 | **디자인** 김수정 정수하
사진 제공 및 대여 셔터스톡 연합뉴스 프리픽

이 책의 모든 글과 그림 등의 저작권은 스마일 북스에 있습니다.
본사의 허락 없이 이 책에 실린 내용의 일부 또는 전체를 어떤 형태로든지
변조하거나 무단 복제하는 것은 법으로 금지되어 있습니다.

⚠ 책을 집어던지면 다칠 수 있으니 조심하십시오. 잘못 만들어진 책은 바꾸어 드립니다.

미끄러지고
달리고 휘어지고

글 양미애 | 그림 율리아 뒤어

스마일
Smile Books

이곳은 역도 경기장입니다.
역도 선수가 무거운 역기를 들어 올리고 있습니다.
저 선수, 힘이 무척 세군요!
우리처럼 힘이 없는 사람이 들면,
역기는 꼼짝도 안 할 겁니다.

으랏차차!

사람의 근육을 움직이게 하여
멈춰 있던 역기를 들어 올리게 하는 것,
이게 바로 **힘**입니다.

이번에는 축구 경기장으로 가 볼까요?
아, 한 선수가 골대 앞에서 다리를 높이 쳐들고 있네요.
신발 밑창에 징이 박혀 있어서
상대 선수와 부딪히면 위험할 것 같습니다.
저런 축구화가 꼭 필요한 걸까요?

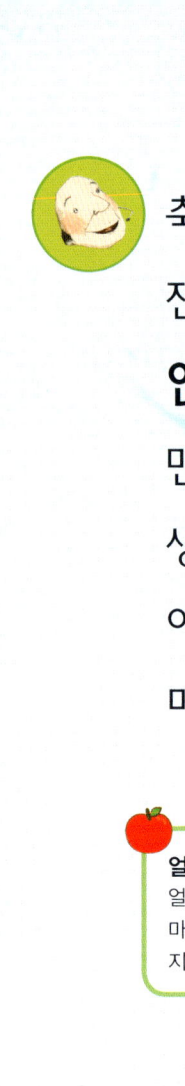

축구화에 달린 징은 운동장을 뛸 때 잔디나 흙에 **미끄러지지 않게** 해 줍니다.
만약 얼음판 위에서 축구를 한다고 생각해 보세요.
여기저기에서 '우당탕! 쿵쾅!' 미끄러져 넘어지고 말 겁니다.

얼음판 위에서는 왜 잘 미끄러져요?
얼음판은 바닥이 매끄러워서 신발의 바닥 면에 가해지는 마찰의 힘이 작아요. 그래서 얼음판 위에서는 잘 미끄러지는 거랍니다.

 선수들이 앞을 향해 달릴 때, 달리는 속도에 의해 갑자기 멈추기가 힘듭니다. **계속 달리려는 힘**이 남아 있기 때문이지요.

앗, 저기 보세요!
장대높이뛰기 선수가 긴 장대를 꽂고
장애물을 훌쩍 넘어가려 합니다.
긴 장대가 부러질 듯 휘지만,
결코 부러지지는 않는군요.

 네, 이 경기에 쓰이는 장대는 몸을 받쳐 줄 만큼 충분히 휘었다가 다시 **원래의 상태로 돌아가려는** 성질을 갖고 있습니다.
만약 장대가 휘어지는 성질이 없다면, 아마도 선수의 몸무게를 이기지 못해서 장대가 뚝 부러질 겁니다.

이곳은 수영 경기장입니다.
선수들이 힘이 많이 빠진 듯 보입니다.
곧 물속으로 가라앉지 않을까 걱정되는군요.

아닙니다. 물속에서는 몸을 떠받치는 힘이 있기 때문에 잘 뜹니다.
만약 물 위에 뜨는 힘이 없다면
빼빼 마른 사람도
뚱뚱한 사람도 모두 다
물속으로 가라앉고 말 겁니다.

요트
요트는 경기 도중 배가 뒤집혀도 쉽게 일으켜 세울 수 있도록 만들어져 있어요.

해설 위원님, 이런 힘들은 또 어떤 운동 경기에서 볼 수 있습니까?

컬링
얼음판을 문질러 최대한 매끄럽게 하여 납작한 돌(스톤)이 잘 미끄러지게 만들어요.

힘을 이용한 운동 경기가 참 많이 있습니다. 여러분도 한번 찾아보세요.

양궁
활시위를 잡아당겼다가 놓으면, 원래의 상태로 돌아가려는 힘을 받아 화살이 앞으로 잘 날아가요.

스키점프
점프대를 미끄러져 내려와 힘차게 뛰어오르면, 계속 날아가려는 힘 때문에 멀리 날 수 있어요.

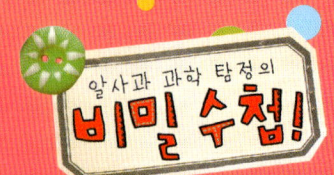

신기한 힘의 세계

얼음판 위에서 미끄러지게 하거나 물에 둥둥 뜨게 하는 **힘**이 있어요.
계속 앞으로 나아가게 하는 힘도 있고, 원래대로 되돌아가게 하는 힘도 있지요.

까끌까끌 미끌미끌! 마찰력

마찰력은 한 물체가 다른 물체와 닿아서 움직일 때 생기는 힘이에요. 축구화에 징을 박아 잔디와의 마찰력을 높이거나, 수영장에 있는 미끄럼틀에 물을 뿌려 마찰력을 줄이기도 해요.

멈추지 말고 계속해! 관성력

관성력은 움직이던 물체는 계속 움직이려 하고, 멈춰 있던 물체는 계속 멈춰 있으려는 힘이에요. 힘껏 달리다가 갑자기 멈추지 못하고 계속 달려 나가거나, 팽이를 돌리면 계속 돌아가요.

늘어났다 줄어들었다! 탄성력

탄성력은 원래대로 되돌아가려는 힘을 말해요. 휘어졌던 장대가 원래대로 돌아오거나, 늘어났던 고무줄이 원래대로 돌아와요.

물에 둥둥 뜨네! 부력

부력이란 물체를 물 위로 받쳐 주는 힘을 말해요. 무거운 사람도 가벼운 사람도 물 위에 뜨고, 튜브를 이용해도 물 위에 둥둥 뜰 수 있어요.

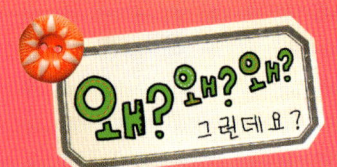
힘과 운동에 대한 요런조런 호기심!

차바퀴는 왜 도로에서 잘 달려요?

자동차의 바퀴를 살펴보면 매끄럽지 않고 울퉁불퉁 홈이 파여 있어. 이 홈은 도로 위를 자동차가 달릴 때, 땅이나 도로 사이의 마찰력을 크게 만든단다. 그래서 차가 미끄러지지 않고 잘 달리지. 하지만 눈이나 비가 오면 마찰력이 작아지기 때문에 자동차가 잘 미끄러진단다.

눈이 올 때 차바퀴에 쇠사슬을 감는 것은 마찰력을 크게 해서 미끄러지지 않도록 하기 위해서예요.

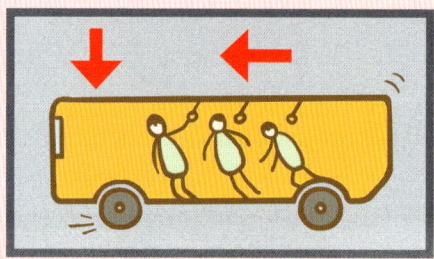

차가 갑자기 멈추면, 우리 몸은 계속 달리려 하기 때문에 몸이 앞으로 쏠려요.

차가 갑자기 출발하면, 우리 몸은 계속 멈춰 있으려 하기 때문에 몸이 뒤로 쏠려요.

차가 갑자기 멈추면 왜 몸이 앞으로 쏠려요?

움직이는 것들은 계속 움직이고 싶어 하는 성질이 있단다. 그래서 달리던 차가 갑자기 멈추어도 우리는 계속 움직이고 싶어 하기 때문에 앞으로 몸이 쏠리는 거야. 마찬가지로 멈춰 있던 것들은 계속 멈춰 있고 싶어 하지. 그래서 자전거를 타고 처음 움직일 때에 힘이 많이 드는 거란다.

커다란 배가 어떻게 물에 뜨나요?

아주 커다란 배든 작은 보트든 배는 물 위에 떠 있어. 그런데 작은 돌멩이는 물속에 가라앉아. 이상하지? 배는 밑바닥이 그릇처럼 넓어서 물이 밀어 올리는 힘을 크게 받기 때문이야. 이 밀어 올리는 힘이 부력이야. 그러니까 물 위에 뜰 수 있도록 도와주는 힘이 배의 무게보다 크면 배가 뜨는 거란다. 또, 배에는 물에 잘 떠 있을 수 있도록 여러 가지 장치가 갖추어져 있단다.

물이 밀어 올리는 힘을 많이 받기 위해 배 밑바닥을 넓게 만들어요.

미끄럼틀을 타면 왜 엉덩이가 뜨거워져요?

미끄럼틀을 오래 타다 보면 엉덩이가 뜨거워지는 때가 있어. 이것은 미끄럼틀에 옷이 닿아서 생긴 마찰력 때문이야. 마찰력이 생길 때는 열이 나게 되지. 이 열 때문에 미끄럼틀을 오래 탈수록 엉덩이가 뜨거워진단다.

미끄럼틀과 옷 사이의 마찰력 때문에 엉덩이가 뜨거워져요.

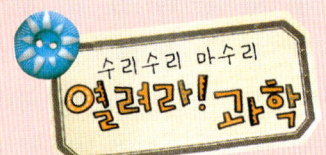

마찰력아, 비켜라!

물체와 물체가 닿는 면에 생기는 마찰력을 크게 하거나 작게 해서 우리 생활에 이용할 수 있어요.

여러 가닥을 꼬아 만든 **줄**은 울퉁불퉁해서 마찰력이 크지요. 손으로 잡거나 발을 디딜 때 미끄러지지 않게 해 주어요.

고무장갑의 손바닥 부분이 까칠까칠한 이유는 마찰력을 크게 하기 위해서예요. 설거지를 하다가 그릇을 쉽게 놓치지 않도록 해 주어요.

운동화의 밑바닥은 울퉁불퉁해서 마찰력이 크지요. 흙 위나 풀밭에서 잘 미끄러지지 않게 해 주어요.

스케이트의 날은 얼음판과의 마찰력을 최대한 줄이기 위해 매끄럽게 만들어요.

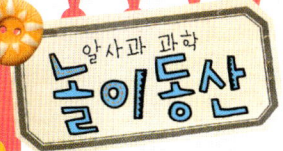

땡그랑! 동전 떨어뜨리기

유리컵 위에 동전을 올려놓고 관성에 대한 실험을 해 보세요.
순식간에 일어나므로 눈을 크게 떠야 해요.

준비물 유리컵, 동전, 카드

1 카드를 유리컵에 올려놓고, 카드 가운데에 동전을 올려놓아요.

2 카드의 모서리를 가볍게 손가락으로 밀어 쳐요. 이때 카드가 위로 치솟지 않게 조심해야 해요.

 **엄마, 아빠에게**

이 실험은 관성에 관한 것이에요. 관성은 움직이지 않던 물체는 계속 움직이려 하지 않고, 움직이는 물체는 계속 움직이려는 성질이에요. 카드가 순식간에 튕겨져 나가기 때문에 관성에 의해 계속 멈춰 있으려는 동전은 그대로 컵 안으로 떨어져요.